Why? 소프트웨어와 코딩

Why? 소프트웨어와 코딩

2019년 3월 15일 2판 1쇄 발행
2023년 3월 20일 2판 7쇄 발행

펴낸이 | 나춘호
펴낸곳 | (주)예림당
등록 | 제2013-000041호
주소 | 서울특별시 성동구 아차산로 153
구매 문의 전화 | 561-9007
팩스 | 562-9007
책 내용 문의 전화 | 3404-9245
http://www.yearim.kr
ISBN 978-89-302-3764-2 74080
ISBN 978-89-302-3700-0 (세트)
ⓒ 2023 예림당 외

STAFF

내용을 꼼꼼히 감수해 주신 분

송상수

소프트웨어교육연구소 소장을 거쳐, 현재 엔트리교육연구소 수석연구원으로 있으면서 소프트웨어 교육과 관련된 다양한 활동을 하고 있습니다. 주요 활동으로는 EBS '소프트웨어야 놀자' 방송 기획강의, 교육부 SW교육 선도교원 연수 교재 집필강의, 교육부 SW교육 원격연수 개발, EBS 소프트웨어 교육 원격연수 개발강의 진행 등이 있습니다. 이 외에 '소프트웨어야 놀자' 교사용 지도서를 집필했습니다.

밑글을 재미있게 써 주신 분

조영선

만화 창작집단 '퍼니C'에서 스토리, 콘티 및 기획 작가로 활동하고 있습니다. 주요 작품으로 〈Why?〉 과학 시리즈 〈화학, 물리, 빛과 소리, 해부학, 생활안전〉, 인문사회교양 시리즈 〈음악, 언어와 문자, SNS〉 등이 있으며 세라믹연구원, 한국표준과학연구원, 시흥시청의 홍보 만화와 〈팩맨의 스포츠 과학〉 〈서바이벌 경제왕〉 등도 있습니다.
E-mail | ysuny2@hanmail.net

재미있는 만화를 그려 주신 분

이영호

만화 창작집단 '퍼니C'에서 그림 작가로 활동하고 있습니다. 주요 작품으로 〈Why?〉 과학 시리즈 〈화학, 물리, 빛과 소리, 해부학, 생활안전〉, 인문사회교양 시리즈 〈음악, 언어와 문자, SNS〉 등이 있으며 세라믹연구원, 한국표준과학연구원, 시흥시청의 홍보 만화와 〈팩맨의 스포츠 과학〉 〈서바이벌 경제왕〉 등도 있습니다.
E-mail | kaljebi05@naver.com

책임개발 | 백광균/ 전윤경 서인하
디자인 | 이정애/ 김지은
사진 | 이건무
콘텐츠제휴 | 문하영/ 박정현
제작 | 신상덕/ 박경식
마케팅 | 임상호 전훈승

* 이 책은 저작권법에 따라 보호받는 저작물이므로 무단 전재와 무단 복제를 금합니다.
이 책의 표지 이미지나 내용 일부를 사용하려면 반드시 (주)예림당의 서면 동의를 받아야 합니다.

△주의 : 책을 던지거나 떨어뜨리면 다칠 우려가 있으니 주의하십시오.
낙장, 파본 등 결함이 있는 도서는 구입하신 곳에서 교환받을 수 있습니다.

Why?
소프트웨어와 코딩을 내면서

알고 보면 우리는 컴퓨터 프로그램, 즉 소프트웨어에 둘러싸여 있습니다. 컴퓨터는 물론 스마트폰, 전기밥솥, 엘리베이터, 신호등, 자동차 같은 생활 속 기기들은 소프트웨어가 있어야 작동하거든요. 뿐만 아니라 대부분의 산업이 점차 자동화되면서 소프트웨어가 쓰이는 곳이 더욱 확대되고 있습니다. 선진국에서는 이런 소프트웨어의 중요성을 인식하고 수년 전부터 소프트웨어를 만드는 코딩 수업을 하고 있습니다. 자연 현상을 알기 위해 과학을 배우는 것처럼 소프트웨어를 알고 만들기 위해 코딩을 배우는 것이지요. 머지않아 코딩은 디지털 세상을 살아가는 데 필요한 기본 상식이 될 것입니다.

어린이들도 쉽게 코딩을 할 수 있는 스크래치나 엔트리 같은 프로그램이 있습니다. 블록 쌓기를 하듯 명령어 블록을 연결해 프로그램을 만들 수 있지요. 명령어 블록을 어떤 순서로 놓을지 궁리하고, 문제를 해결할 아이디어를 찾다 보면 논리적으로 생각하는 힘과 창의력이 길러집니다.

논리적인 사고, 창의적인 생각, 문제 해결 능력은 비단 소프트웨어를 만드는 데만 국한되는 것이 아니라 다양한 분야의 경쟁력을 기르는 데 도움이 됩니다. 그래서 코딩 교육이 더욱 주목 받고 있는 것이지요.

여태껏 다른 사람이 만든 소프트웨어를 사용하기만 했나요? 이제 여러분도 코딩을 시작해 보세요. 이 책이 여러분의 잠재력을 깨우는 데 좋은 자극이 될 것입니다.

*부모님이 함께 읽고 지도해 주시면 더욱 좋습니다.

*페이지 아래쪽에 있는 QR코드로, 코딩 과정을 담은 동영상을 확인해 보세요.
예림당 홈페이지 〈Why? 소프트웨어와 코딩〉 도서 소개 페이지에서도 QR 동영상을 확인할 수 있어요.
*스크래치 사이트의 [yearimdang] 스튜디오에서 완성된 코딩 프로젝트를 볼 수 있어요.
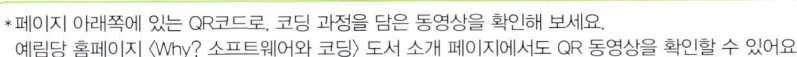
https://scratch.mit.edu/users/yearimdang/

CONTENTS

Why? 소프트웨어와 코딩을 내면서 … 3

생명을 불어넣는 소프트웨어 … 8
컴퓨터와 대화하라 … 14
사이버 세계의 창조주 … 23
쓰러진 삼촌 … 27
생각하는 방법을 알려 주는 코딩 … 33
신비의 세계 코디니시아 … 44
이스터 산의 보물 … 48
스프라이트를 이동시켜라 … 54
무한 반복의 비밀 … 64
열쇠를 찾아 문을 통과하라 … 70
재미를 살리는 연산과 데이터 … 77
캐릭터와 대화하라 … 88
절벽에 다리를 그려라 … 95

음악을 만들어 문을 열어라 … 103
움직이는 과녁을 맞혀라 … 109
자판기를 작동시켜라 … 114
연발 사격의 비밀 … 119
포탄을 쏘아 버그를 잡다 … 124
드디어 꿈을 이루다 … 134
생활 곳곳에 녹아든 코딩 … 143
소프트웨어와 코딩의 미래 … 148
다시 만난 엄지 … 157

핵심 용어 다시 보기  … 160

Why?

과학을 잘하고 싶다면 우리 주변의 모든 것에
'**왜?**'라는 질문을 던져 보세요.
과학은 아주 작은 호기심에서 출발합니다.

생명을 불어넣는 소프트웨어

🌀 하드웨어와 소프트웨어

하드(hard)는 '단단하다', 소프트(soft)는 '부드럽다'는 뜻이다. 즉, 하드웨어는 눈에 보이는 컴퓨터의 기계 장치를 의미하고, 소프트웨어는 컴퓨터를 쓸 수 있게 만들어 주는 운영 체제와 다양한 프로그램을 말한다.

하드웨어

모니터, 본체, 키보드, 마우스

소프트웨어

시스템 소프트웨어
컴퓨터를 사용할 때 기본적으로 필요한 윈도우, 유닉스 같은 운영 체제와 언어 번역 프로그램 등이 있다.

응용 소프트웨어
음악, 게임, 문서 작성 등 특정한 기능을 수행하는 프로그램이다. 응용 프로그램이라고도 한다.

윈도우(Windows 10) 화면

소프트웨어, 즉 프로그램을 만드는 것을 '프로그래밍', 이런 작업을 하는 사람을 '프로그래머'라고 해.

* 프로그래밍 언어 : 프로그램을 만들기 위해 사용하는 컴퓨터 언어

컴퓨터와 대화하라

초기의 컴퓨터

에니악 1946년에 개발된 컴퓨터로 무게가 30톤이었다. 6천 개에 이르는 전기 회로를 일일이 바꿔 줘야 하는 외부 프로그래밍 방식이라 제약이 많았다.

에드삭 1949년에 개발된 최초의 프로그램 내장 방식 컴퓨터이다. 기억 장치에 프로그램을 저장한 뒤 정해진 순서대로 실행하는 방식으로 사용이 훨씬 편리했다.

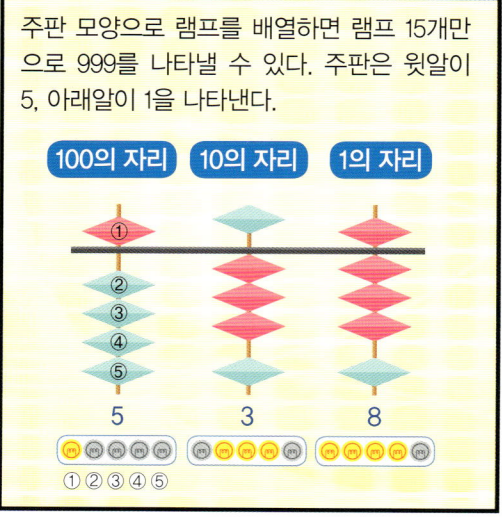

이진법으로 표현할 수 있는 수

십진법에서는 자릿수가 1, 10, 100, 1000…으로 올라간다. 한 자리씩 올라갈 때마다 자리의 값이 10배씩 커지는 것이다. 반면 0과 1만 쓰는 이진법에서는 한 자리씩 올라갈 때마다 자리의 값이 2배씩 커져서, 자릿수가 1, 2, 4, 8, 16…으로 올라간다. 이런 이진법을 사용하면 3개의 램프(3비트)로 7까지, 10개의 램프(10비트)로 1023까지 나타낼 수 있다. 램프 수를 늘릴수록 더 많은 수의 표현도 가능하다.

3비트로 나타낼 수 있는 수

3개의 램프, 즉 3비트로는 0에서 7까지, 총 8가지의 수를 나타낼 수 있다.

램프												
이진법의 수	0	0	0(2)	0	0	1(2)	0	1	0(2)	0	1	1(2)
십진법의 수	0			1			2			3		

램프												
이진법의 수	1	0	0(2)	1	0	1(2)	1	1	0(2)	1	1	1(2)
십진법의 수	4			5			6			7		

*이진법의 수를 십진법의 수로 바꾸려면 이진법의 수에 각 자리의 값을 곱해서 더하면 된다.
예) $111_{(2)} = 1 \times 4 + 1 \times 2 + 1 \times 1 = 7$

* 이진법의 수는 $101_{(2)}$처럼 숫자 뒤에 '(2)'를 작게 붙여 나타낸다.

프로그래밍 언어의 역사

1세대 언어
0과 1의 2진수로 된 기계어.

2세대 언어
기계어를 영문, 숫자 등의 기호로 대신한 언어. 기계어를 이해해야 사용할 수 있다. (어셈블리어)

3세대 언어
문자 형식으로 된 언어. 고급 언어라고도 한다. (FORTRAN, COBOL, BASIC, C 등)

4세대 언어
비전문가도 손쉽게 배우고 사용할 수 있어 생산성이 높은 언어. (C#, Java 등)

C언어

1971년에 미국 벨 연구소의 데니스 리치가 개발한 프로그래밍 언어이다. 유닉스 운영 체제를 위해 개발된 것이지만, 프로그래밍이 쉬운 편리한 언어라 윈도우즈, IOS 등 대다수의 운영 체제가 C언어를 기반으로 만들어졌다. 최신 프로그래밍 언어와 소프트웨어도 C언어에 뿌리를 두고 있다.

데니스 리치

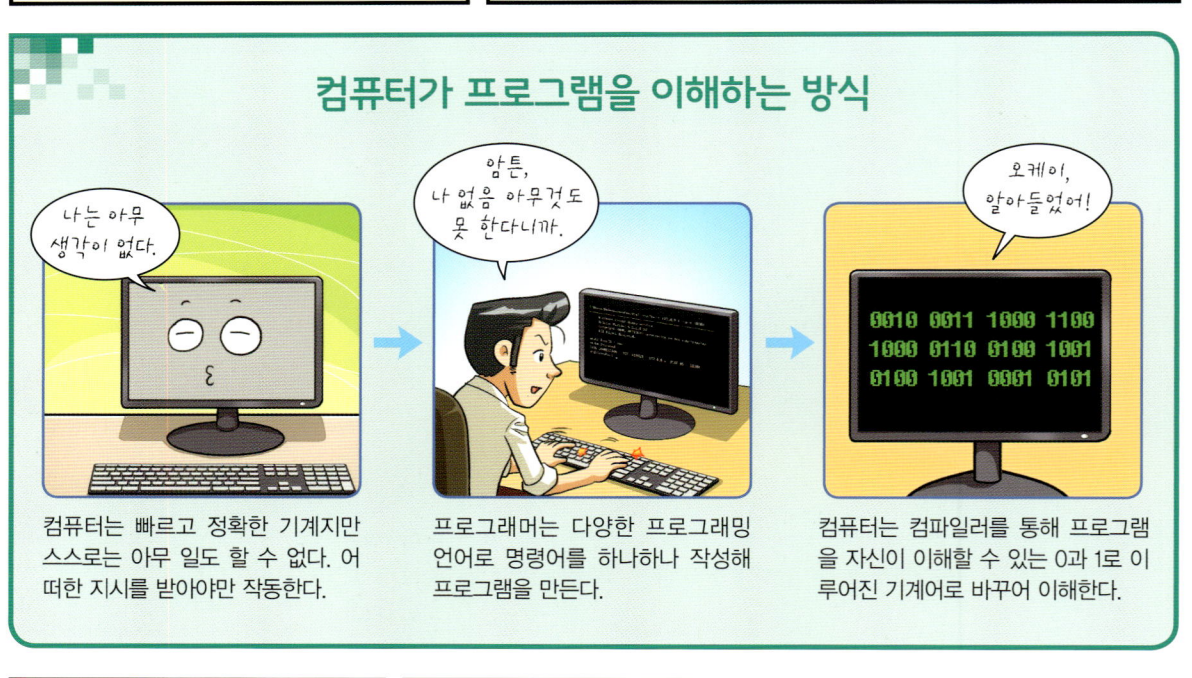

사이버 세계의 창조주

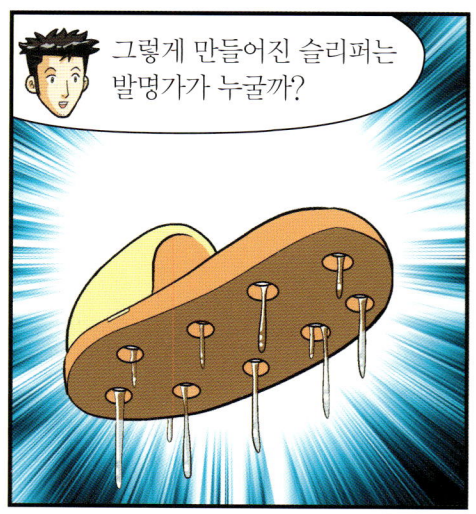

소프트웨어 개발자와 프로그래머

프로그래머는 프로그램을 만드는 사람이지만 아이디어 단계부터 프로그래밍까지 혼자 하는 프로그래머는 드물다. 하나의 프로그램을 완성하는 데 프로그램 기획자, 그래픽 디자이너, 작곡가, 프로그래머 등 여러 분야의 전문가들이 참여하는 경우가 많아서 이들을 모두 소프트웨어 개발자로 부르기도 한다.

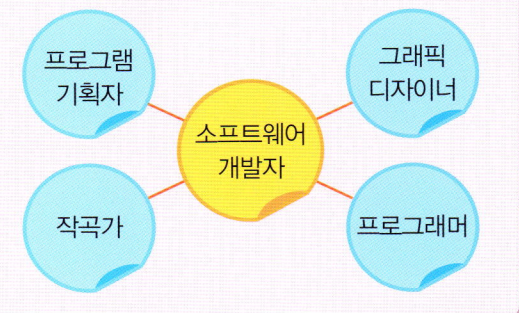

쓰러진 삼촌

* 쇼트 : 과전압, 합선 등으로 전기가 정상적인 길로 흐르지 않아 생기는 문제

백업(backup)은 사용자의 실수나 컴퓨터의 오류, 바이러스, 정전 등으로 원본이 손상되거나 잃어버릴 경우를 대비해 원본을 미리 복사해 두는 것이다.

생각하는 방법을 알려 주는 코딩

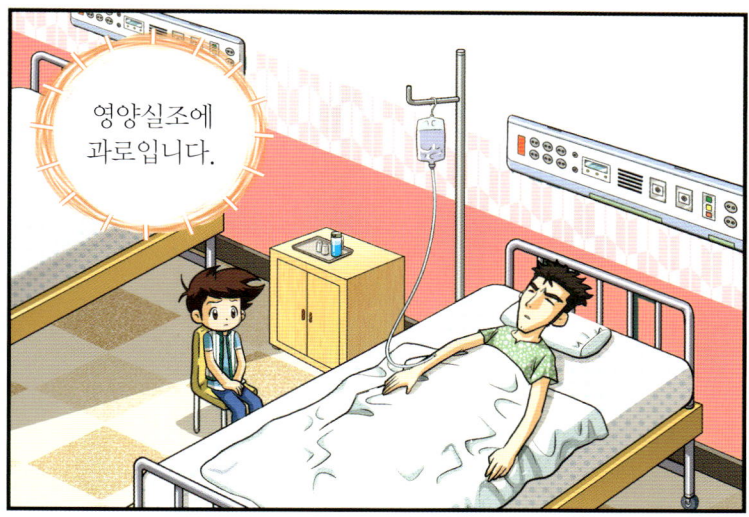

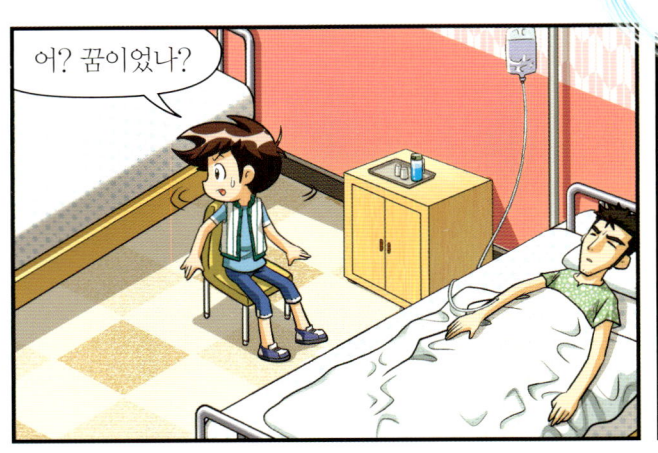

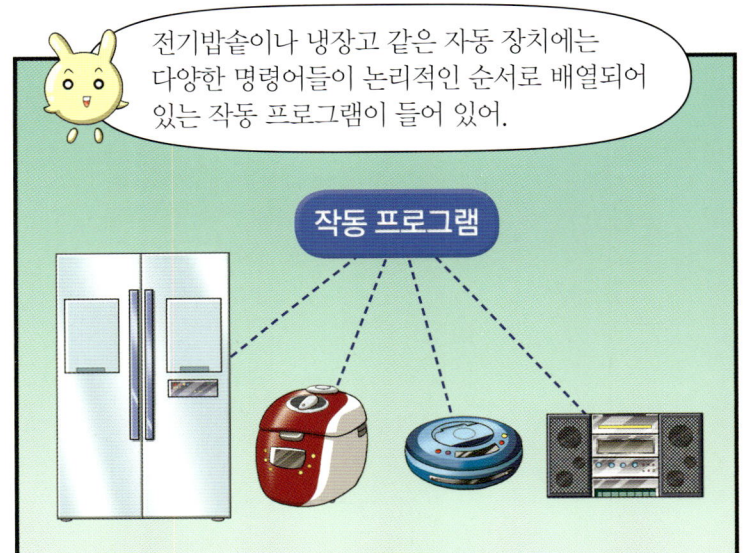

🔵 알고리즘과 순서도

알고리즘은 문제를 해결하기 위해 명령어들을 순서대로 조합하는 것을 말한다. 알고리즘 설계를 먼저 하면 오류를 줄이고 효율적인 프로그램을 만들 수 있다. 결과가 항상 정확하고 실행할 때 걸리는 시간이 짧을수록 좋다.

순서도는 알고리즘을 표현하는 여러 방법 중 하나로, 흐름을 이해하기 쉽게 기호로 나타낸 것이다. 기호를 사용하기 때문에 알고리즘의 구조나 특징을 한눈에 파악하기 쉽다.

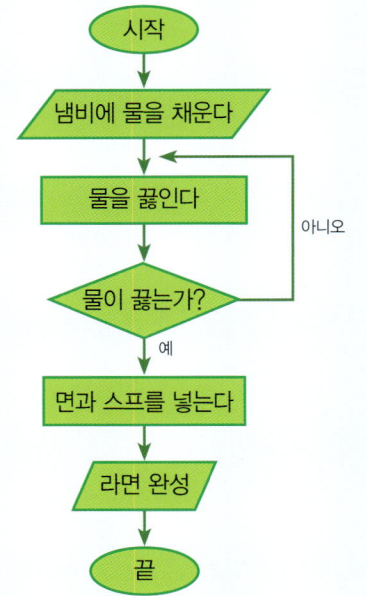

순서도 기호

⬭	시작과 끝을 나타내는 기호
▭	자료를 입력하고 계산을 하는 처리 기호
⬡	기본 값을 정하고 변수를 나타내는 준비 기호
◇	결정이나 비교 등의 판단 기호
▱	자료의 입력과 출력을 표시하는 기호
→	명령의 흐름을 나타내는 흐름선

알고리즘의 기본 구조

- **순차 구조** : 정해진 방향으로 명령을 하나씩 하나씩 순서대로 처리한다.
- **조건 구조** : 주어진 조건이 참이냐 거짓이냐에 따라 다른 명령을 처리한다.
- **반복 구조** : 같은 동작을 여러 번 수행할 때는 묶어서 표현한다. 지정한 횟수만큼 반복하거나 조건이 참이 될 때까지 반복한다.

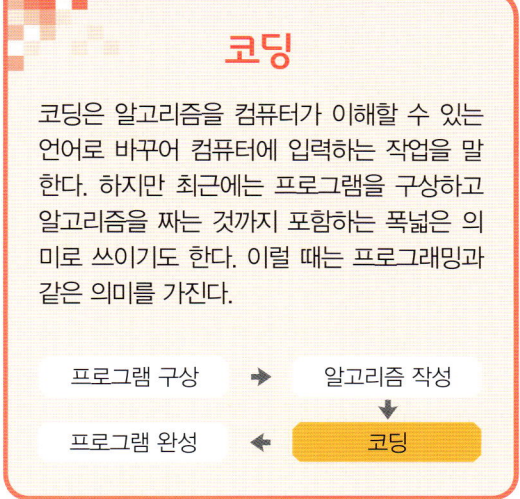

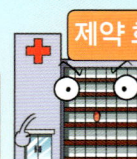

 최근에는 스크래치, 엔트리 같은 블록형 프로그래밍 언어가 개발되어서 초등 코딩 교육에 많이 활용되고 있어. 특정한 기능을 하는 명령어 블록을 마우스로 옮기고 연결해서 간단하게 프로그램을 만들 수 있지.

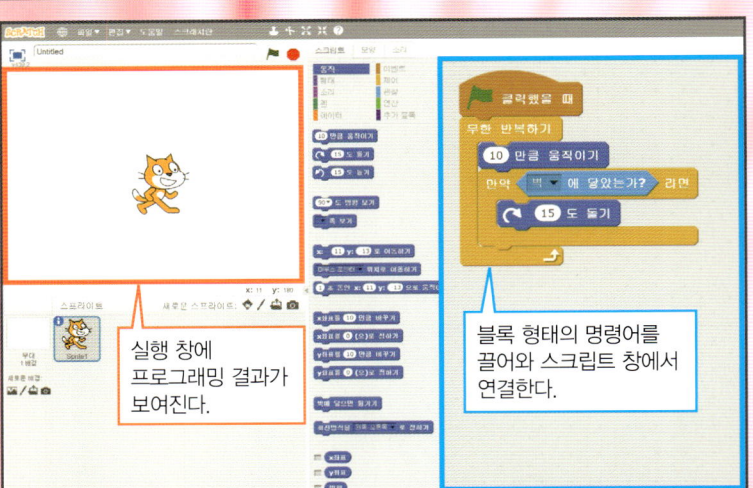

실행 창에 프로그래밍 결과가 보여진다.

블록 형태의 명령어를 끌어와 스크립트 창에서 연결한다.

블록 모양이라 쉽네.

스크래치 (https://scratch.mit.edu)
미국 MIT 미디어랩 연구진이 개발한 코딩 프로그램으로, 스크래치를 이용하면 초등학생도 게임이나 애니메이션 같은 프로그램을 만들 수 있다. 스크래치 사이트에 접속하면 직접 프로그램을 만들 수도 있고, 다른 사람들이 만든 것도 볼 수 있다.

당신을 코디니시아의 세계로 초대합니다!

어? 이게 뭐지?

코디니시아는 삼촌이 만들고 있는 게임 이름인데? 그냥 클릭하면 되나?

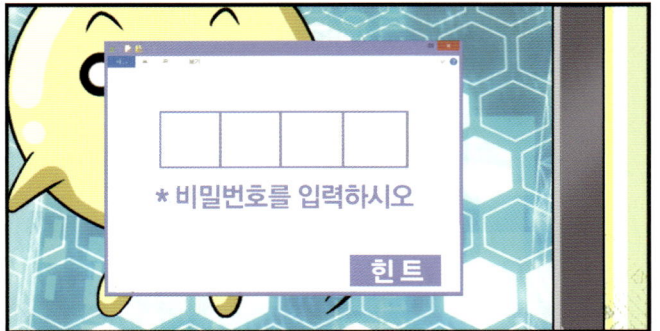

*비밀번호를 입력하시오

힌트

이스터 산의 보물

이스터 에그

프로그램 개발자가 프로그램 속에 재미로 몰래 숨겨 놓는 메시지나 기능이다. 개발자가 찾는 방법을 공개하지 않으면 프로그램이 발매된 지 한참이 지나 우연히 발견되는 경우도 있다. 단어 자체는 '부활절 달걀'이라는 뜻으로, 부활절 토끼가 아이들이 있는 집 안에 달걀 바구니를 숨긴다는 풍습에서 유래되었다.

구글(google) 검색창에 'zerg rush'를 입력하면 동그라미들이 글자를 지우고 'GG'를 만든다.

ASCII(아스키코드)

컴퓨터가 이해할 수 있게 문자를 숫자 형태로 표현한 문자 코드이다. 전 세계 컴퓨터에서 공통으로 사용할 수 있도록 미국 표준 협회(ANSI)가 1967년에 제정했다. 아스키코드는 7비트로 구성되며 128가지 문자를 표현할 수 있다. 컴퓨터에서 효율적으로 처리하기 위해 8비트 형식으로도 개발해 사용하고 있다.

단어 CAT의 아스키코드

1000011	1000001	1010100
C	A	T

레벨 에디터

게임 시나리오나 배경 등을 사용자가 직접 디자인하고 원하는 대로 바꿀 수 있는 프로그램이다. 프로그램에 대한 지식이 없어도 쉽게 편집할 수 있도록 만들어졌다.

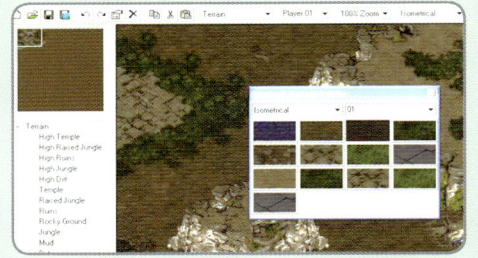

게임 〈스타크래프트〉의 맵 에디터 화면

스크립트

스크래치 프로그램에서 블록 형태의 명령어를 실행 가능하게 조합해 놓은 것을 말한다. 스크립트 탭에서 [무한 반복하기], [○만큼 움직이기] 등 필요한 명령어 블록을 끌어와 스크립트 창에서 연결시켜 만든다.

스크립트 탭에는 10가지 주제의 블록 모음이 있다. 필요한 항목을 클릭하면 명령어 블록을 선택할 수 있다.

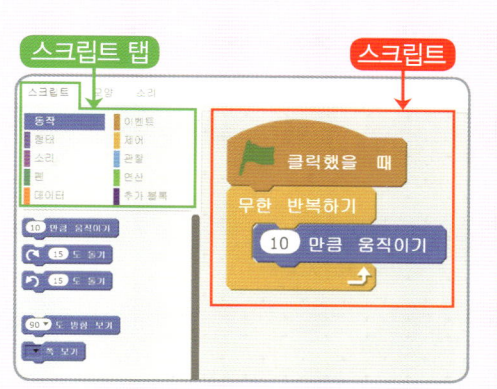

동작 / 이벤트 / 형태 / 제어 / 소리 / 관찰 / 펜 / 연산 / 데이터 / 추가 블록

그런데 이거 어떻게 사용하는 거지? 팔 길이만 한 걸 보면…

척

우왓!

철컹

얘들아! 이것 좀 봐.

위이잉

어? 켜졌네!

스프라이트를 이동시켜라

이벤트

스크립트 실행 및 방송하기와 관련된 블록 모음이다. 어떤 조건일 때 스크립트를 실행시킬지 정할 수 있다.

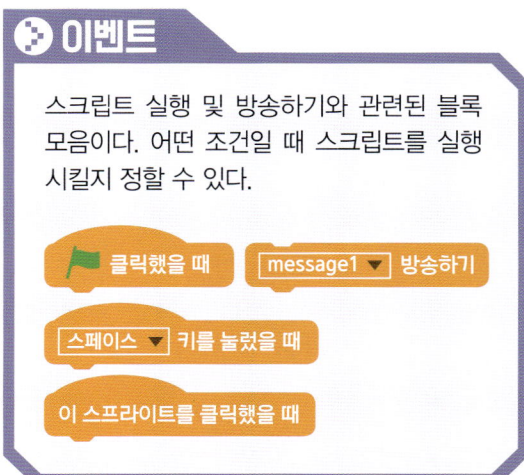

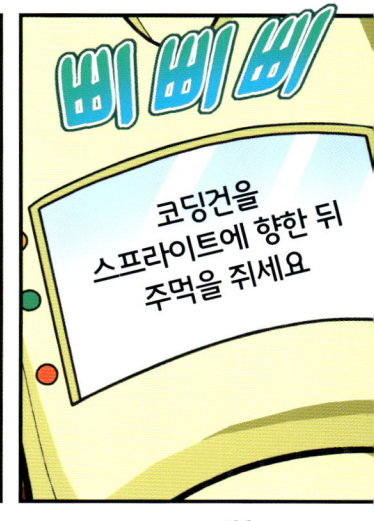

스프라이트와 무대

스프라이트는 캐릭터나 글씨, 도형 등 움직일 수 있는 이미지이고, 무대는 스프라이트가 움직이는 공간이다. 스프라이트에 스크립트를 입력하면 그 명령에 따라 무대의 틀 안에서 움직인다.

3 동작

스프라이트를 이동시키거나 회전시키고 방향과 위치를 바꾸는 등 스프라이트의 동작과 관련된 블록 모음이다.

비행선 멋지지?

이건 게임 중반에 나오는 비행선인데, 오류 때문인가? 엉뚱한 데 있네.

좋아! 아까 쓴 스크립트로 비행선도 이동시켜 볼까?

삐삣
이동 값을 입력하세요

3배쯤 더 움직여야 하니까 300을 입력!

삐삐삣

클릭했을 때
300 만큼 움직이기

자! 이제 움직여라!

파앗

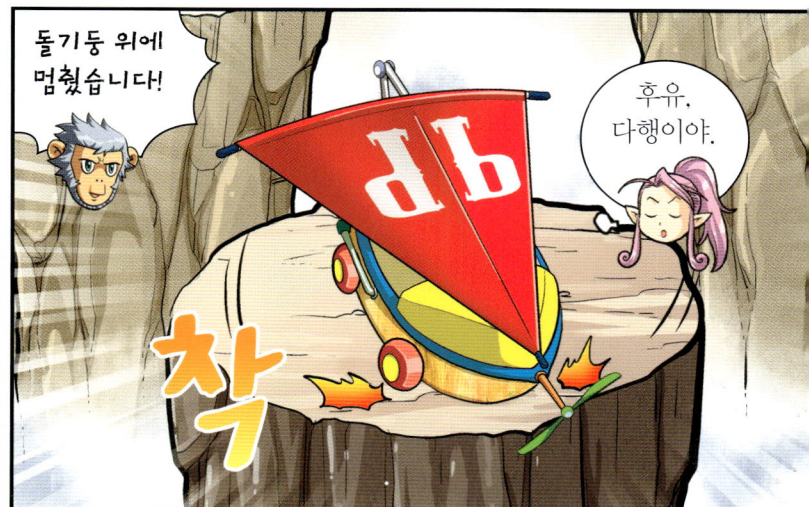

x, y좌표

스크래치의 기본 무대는 가로가 480이고 세로가 360이다. 한가운데 좌표 값이 (x:0, y:0)이므로, 이를 기준으로 x축과 y축의 좌표 값을 입력하면 스프라이트를 원하는 곳으로 이동시킬 수 있다.

무한 반복의 비밀

🎮 제어

스크립트의 흐름과 관련된 블록 모음이다. 스크립트를 반복시키거나 멈추게 하거나 조건에 맞으면 실행시킨다. 스프라이트를 복제하는 기능도 있다.

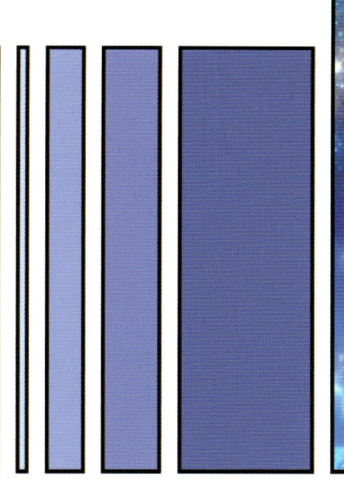

게임 속 이미지는 보통 정해진 크기의 무대 안에서 움직이도록 되어 있다.

그런데 무대를 벗어나지 못하게 하는 명령이 없으면 화면 밖으로 나가서 반대 방향으로 들어오게 된다.

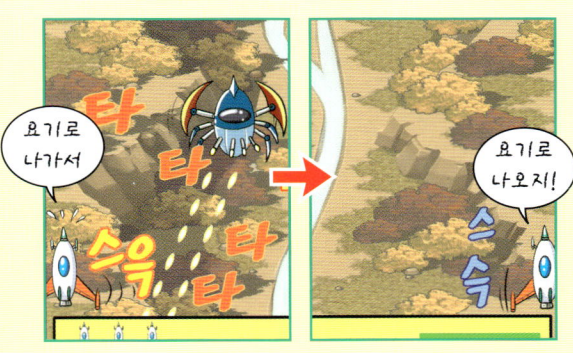

* 스크래치에서는 기본적으로 스프라이트가 무대 밖으로 나가지 못하게 설정되어 있다.

열쇠를 찾아 문을 통과하라

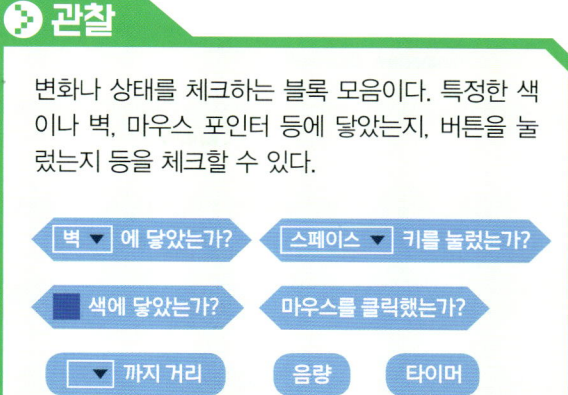

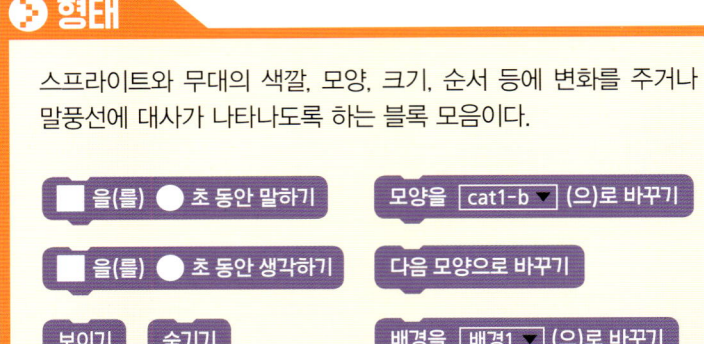

재미를 살리는 연산과 데이터

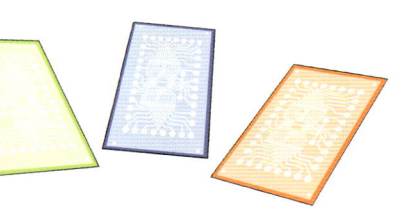

③ 연산

더하기, 빼기, 곱하기, 나누기 등의 계산과 크기 비교, 글자를 연결하고 추출하는 등의 기능을 하는 블록 모음이다.

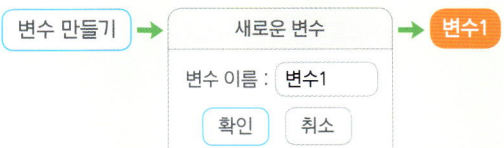 데이터

변수와 리스트를 만들고 관리하는 블록 모음이다.

변수 숫자나 문자 등의 값에 이름을 붙여 하나의 변수로 저장할 수 있다. 변수를 만들면 변수와 관련된 블록들이 나타난다.

리스트 여러 항목의 값을 하나의 리스트로 저장해서 사용할 수 있다. 리스트를 만들면 리스트와 관련된 블록들이 나타난다.

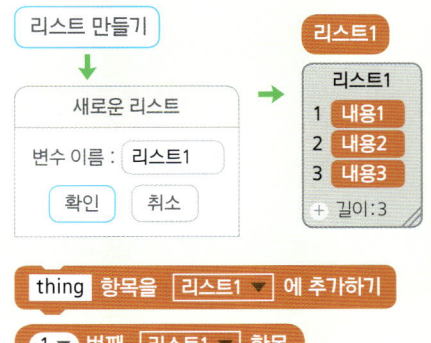

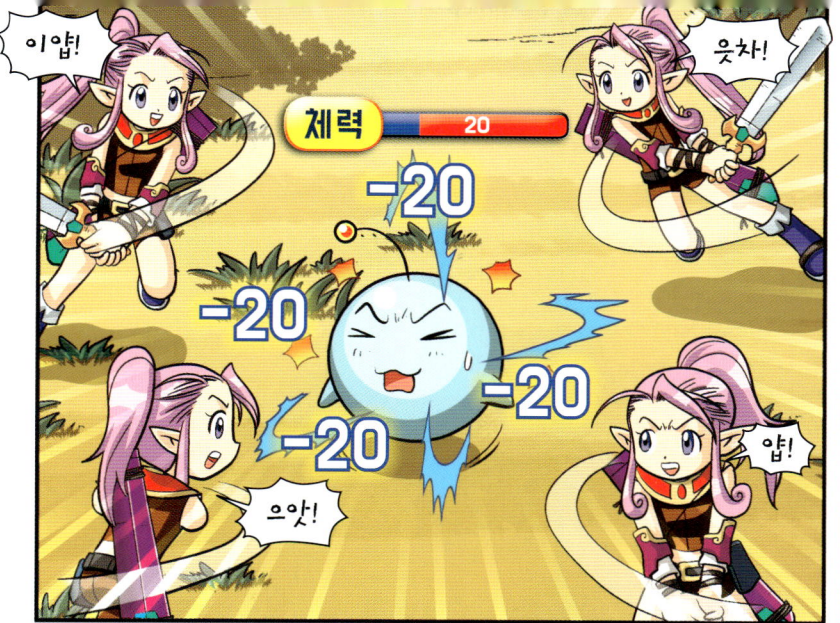

변수와 난수

변수를 난수로 정하면 실행될 때마다 값이 달라진다. 난수는 특정한 순서나 규칙을 가지지 않는 수로, 범위를 정해 놓으면 모든 수가 같은 확률로 나온다. 변수를 난수로 설정하는 이런 방법은 플레이할 때 재미를 높여 주어 게임에 자주 사용된다.

변수와 난수를 이용하여 한 자리 수의 덧셈 문제를 10번 내는 스크립트

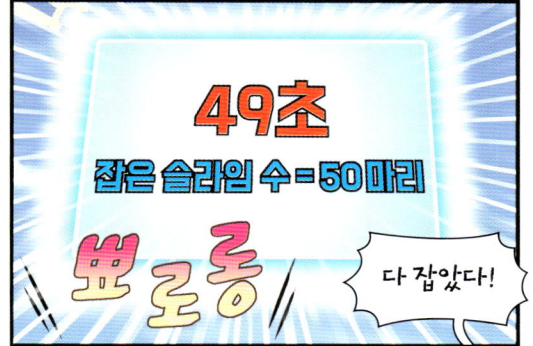

캐릭터와 대화하라

리스트 활용하기

이름이나 대사 같은 정보에 순서를 붙여 리스트로 만들어 두면 정보를 한꺼번에 관리할 수 있어서 편리하다. 캐릭터의 대사나 퀴즈 문제 등을 만들 때 유용하게 쓰인다.

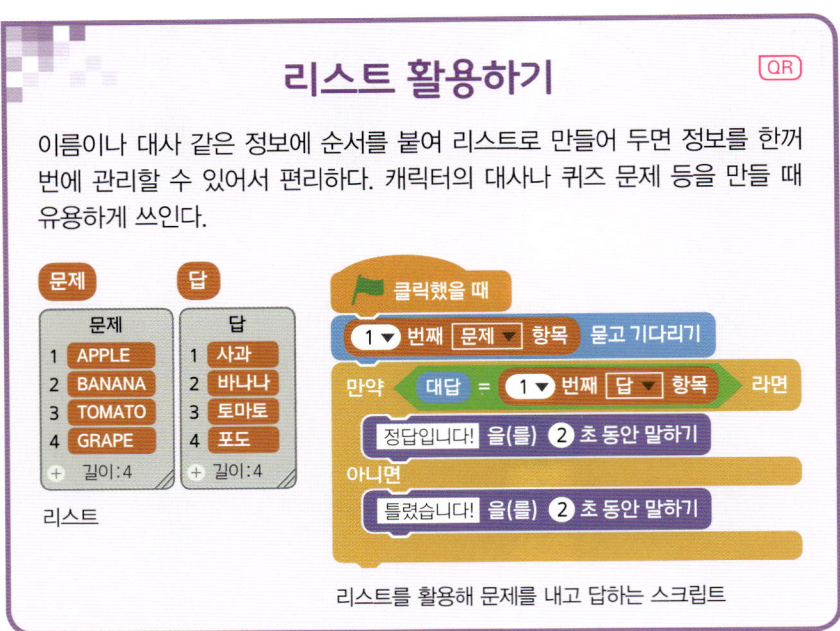

리스트를 활용해 문제를 내고 답하는 스크립트

내용을 이어 주는 결합하기

연산의 결합하기 블록을 이용하면 여러 리스트나 변수의 내용들을 이을 수 있어서 이야기를 만들 수 있다. 내비게이션, ARS 서비스 등의 음성 안내 프로그램도 이런 방식을 사용한다.

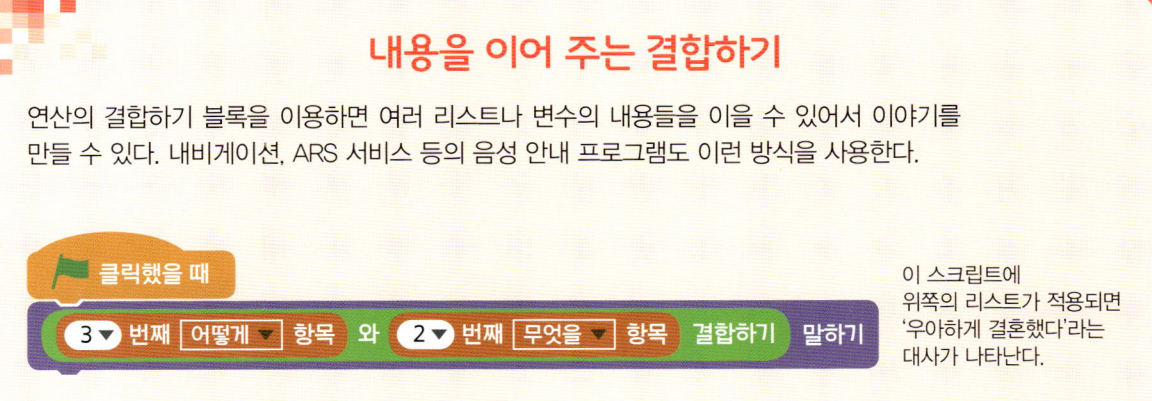

이 스크립트에 위쪽의 리스트가 적용되면 '우아하게 결혼했다'라는 대사가 나타난다.

절벽에 다리를 그려라

3 펜

선을 그리거나 지우는 데 쓰이는 블록 모음이다. 스프라이트를 이동시키면 이동한 자리를 따라 선이 그려진다. 선의 굵기나 진하기, 색깔 등을 조절할 수 있다.

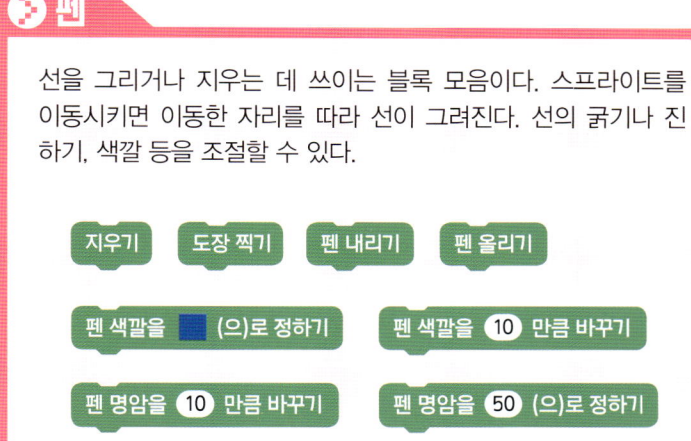

물리 엔진

중력, 관성, 탄성력 등 현실 세계의 물리 법칙을 프로그램화한 것이다. 같은 엔진으로 여러 자동차를 만드는 것처럼 하나의 물리 엔진으로 여러 가지 프로그램을 만들 수 있다. 가상 현실 프로그램, 영화, 비디오 게임 등을 만들 때 물리 엔진을 적용하면 더욱 사실적인 표현이 가능하다.
예를 들어 공 하나를 공중에서 떨어뜨리면 중력 가속도에 따라 낙하하고, 땅의 성질에 따라 튀어 오르는 높이가 달라진다.

게임 〈Next Car Game 3〉의 한 장면. 물리 엔진이 적용되어 자동차가 장애물과 부딪히는 장면이 실감나게 표현된다.

추가 블록

새로운 명령어 블록을 만들거나 외부 기기와 연결할 수 있는 블록 모음이다. 필요에 따라 복잡한 스크립트를 하나의 블록으로 만들 수 있기 때문에 잘 활용하면 간편하게 스크립트를 완성할 수 있다.

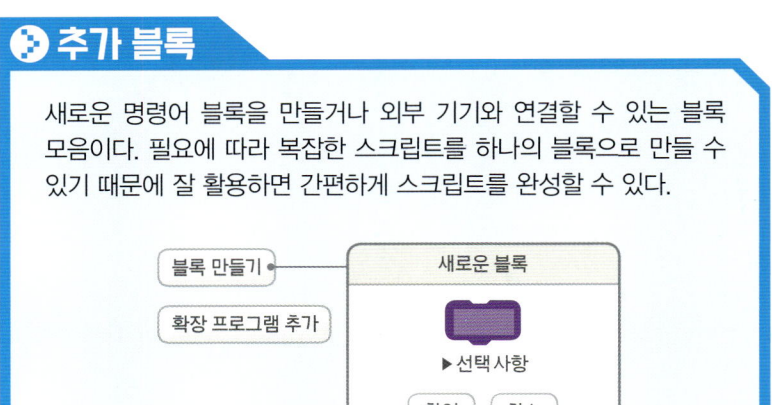

소리

소리나 효과음과 관련된 블록 모음이다. 이미 녹음된 소리를 이용할 수도 있고, 프로그램에 있는 악기 소리를 이용해 작곡을 할 수도 있다.

`meow ▼ 재생하기`   `모든 소리 끄기`

`meow ▼ 끝까지 재생하기`

`1 ▼ 번 타악기를 0.25 박자로 연주하기`

`60 ▼ 번 음을 0.5 박자로 연주하기`

움직이는 과녁을 맞혀라

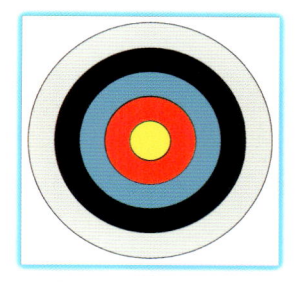

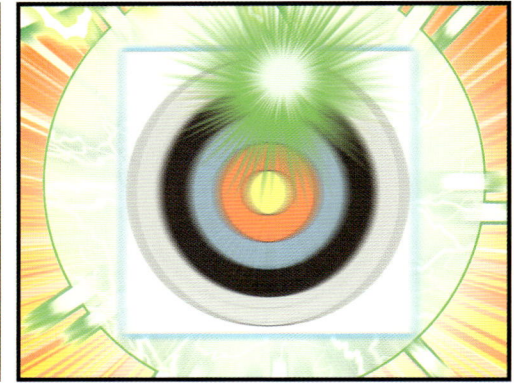

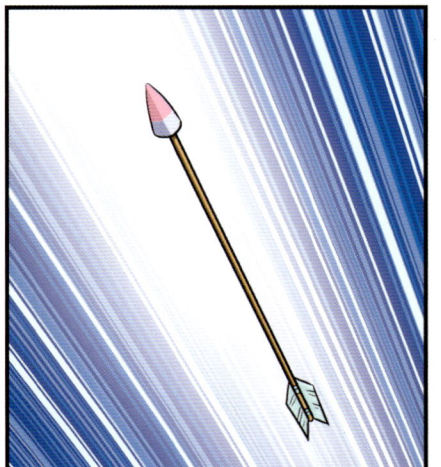

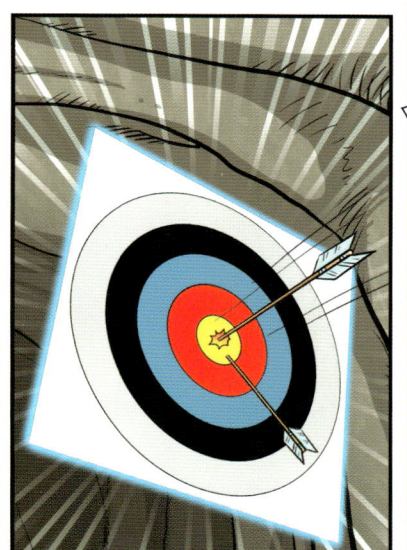

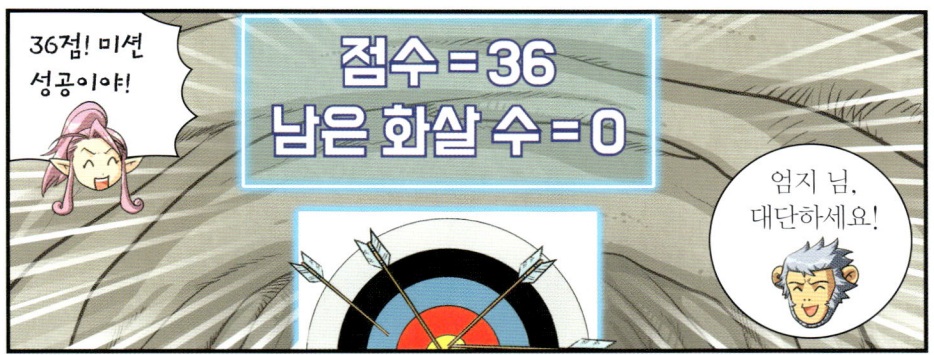

자판기를 작동시켜라

둘 이상인 수의 연산

연산 블록 2개를 겹치면 수를 넣는 공간이 3개로 늘어난다. 이런 방식으로 공간을 늘리면 더 복잡한 계산을 할 수 있다.

연발 사격의 비밀

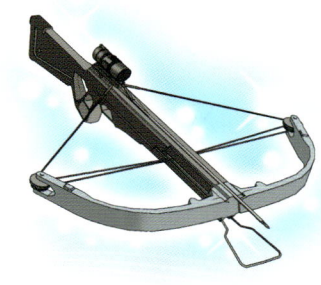

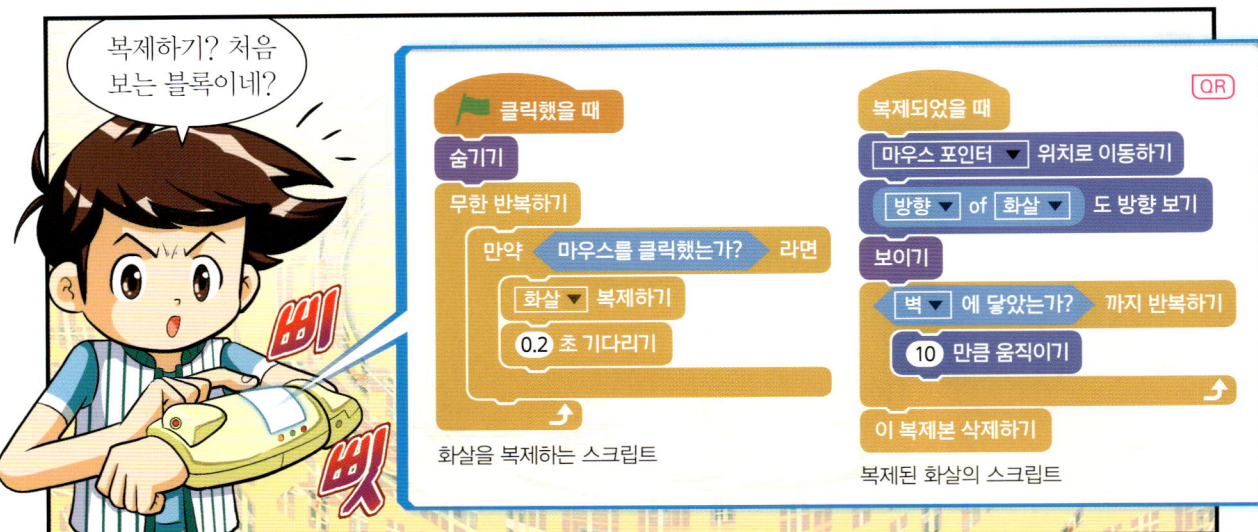

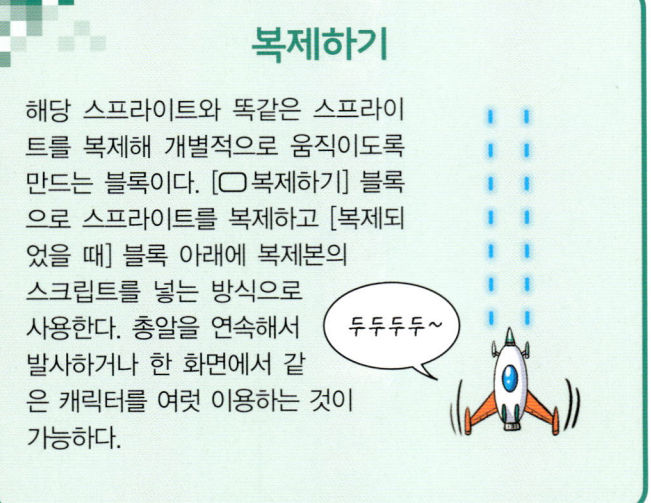

포탄을 쏘아 버그를 잡다

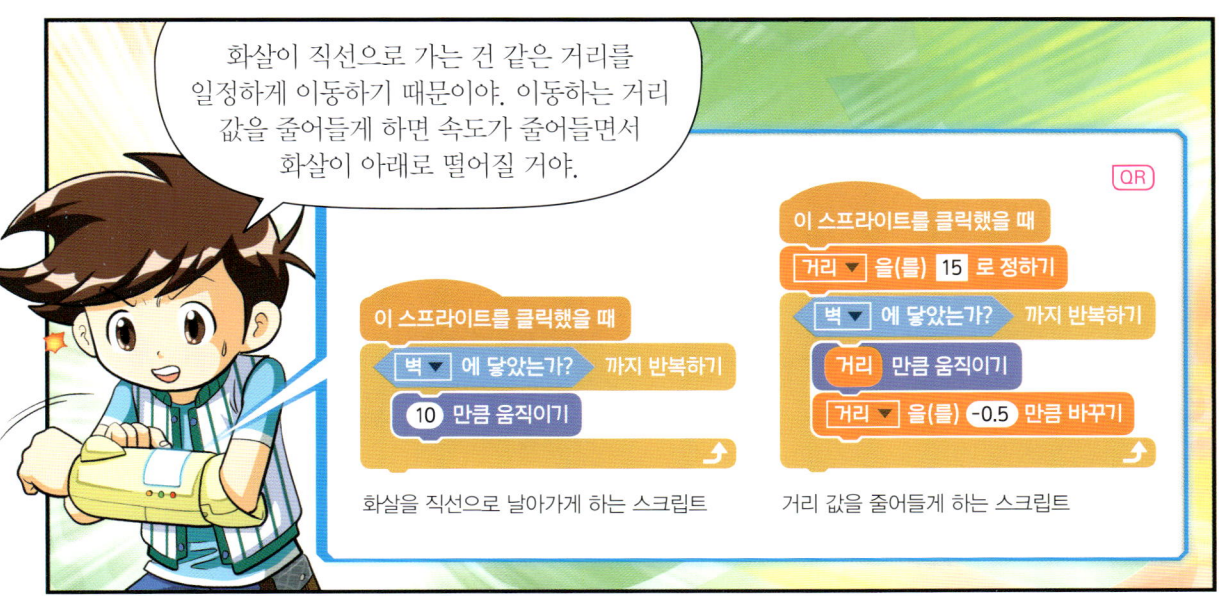

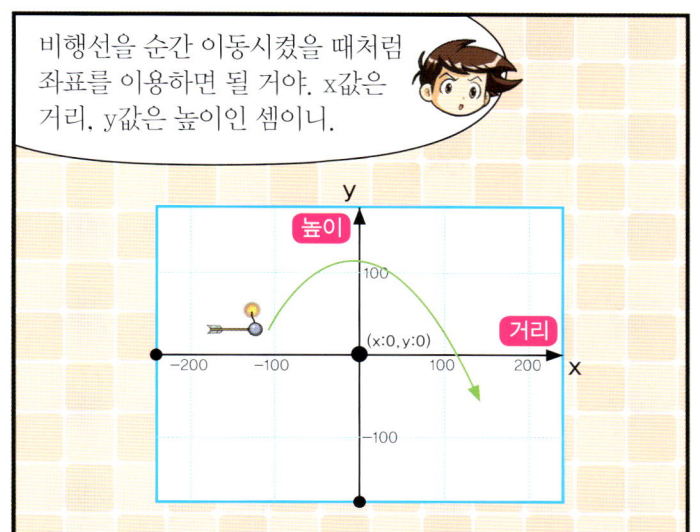

드디어 꿈을 이루다

생활 곳곳에 녹아든 코딩

* 사물 인터넷 : Internet of Things(IoT). 사람과 사물 또는 사물과 사물이 인터넷을 통해 정보를 공유하는 기술을 말한다.

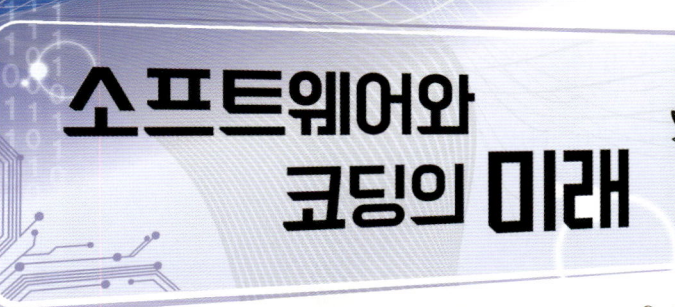

소프트웨어와 코딩의 미래

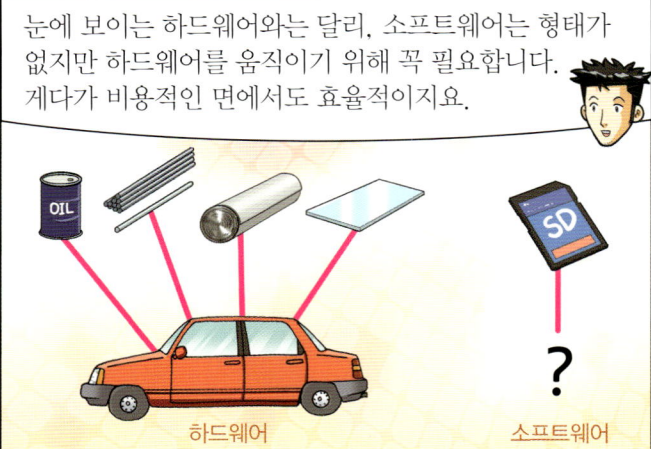

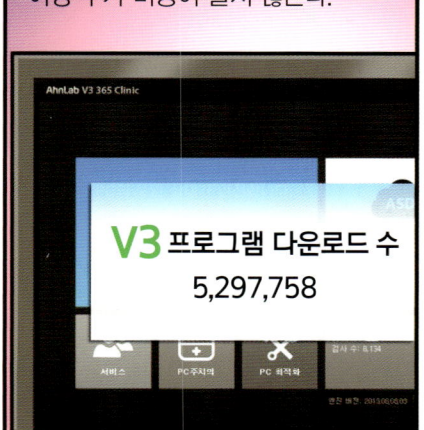

빌 게이츠

소프트웨어 회사인 마이크로소프트(MS) 사의 창업자이다. 운영 체제인 '윈도우즈(Windows)' 시리즈를 출시해 퍼스널컴퓨터(PC) 사용을 확산시키며 세계 컴퓨터 시장을 선도했다. 36세 때인 1992년, 미국 경제 잡지 〈포브스〉의 백만장자 서열 1위에 오른 이후, 줄곧 세계의 부자로 손꼽힌다.

151

인공 지능(AI)

컴퓨터가 인간처럼 생각하고 학습하고 판단하여 스스로 행동하도록 만드는 기술이다. 지문, 동작 등을 인식해 작동하는 전기밥솥, 로봇 청소기 같은 제품에서부터, 세계 체스 챔피언을 이긴 컴퓨터, 음성을 알아듣고 메시지를 보내는 핸드폰, 취향에 맞는 영화를 추천하는 어플, 증권 기사를 작성하는 자동 작성 프로그램까지, 인공 지능을 활용하려는 시도가 활발하게 이루어지고 있다.
하지만 아직까지는 정해진 상황에서 저장된 정보를 바탕으로 작업을 수행하는 정도의 인공 지능 단계이다. 더 발전된 인공 지능이라면 문제 상황을 이해하고 원인을 분석해 스스로 해결책을 제시하며, 나아가 주관적인 감정과 의견을 표현할 수 있어야 한다.

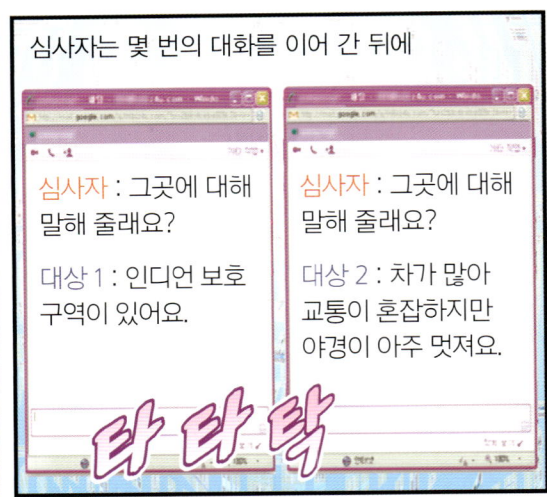

최초로 튜링 테스트를 통과한 프로그램

1950년, 앨런 튜링이 발표한 〈기계도 생각할 수 있을까?〉라는 논문에서 시작된 튜링 테스트는 60여 년이 지나도록 통과하는 프로그램이 없었다. 그러던 2014년 6월, '유진 구스트만(Eugene Goostman)'이라는 프로그램이 최초로 테스트를 통과했다. 30명의 심사 위원 중 10명의 심사 위원이 사람과 컴퓨터를 구분하지 못한 것이다. 비록 영어가 모국어가 아닌, 우크라이나에 사는 13세 소년으로 설정하고 테스트했지만 튜링 테스트의 벽을 허물었다는 데 의의가 있다.

하지만 튜링 테스트는 현재의 인공 지능을 판별하는 기준으로는 적합하지 않다는 주장도 있다. 앞으로의 인공 지능 프로그램들은 지적인 논리를 뛰어넘어 이야기의 맥락과 뉘앙스까지도 이해할 수 있어야 한다는 것이다.

유진 구스트만 채팅 시작 화면

* 머신 러닝 : machine learning. 기계 학습이라는 뜻으로, 컴퓨터가 방대한 데이터를 분석하고 학습해 새로운 데이터가 들어왔을 때 결과를 예측하는 기술을 말한다.

다시 만난 엄지

핵심 용어 다시 보기
Why? 소프트웨어와 코딩

소프트웨어

컴퓨터를 작동시키거나 이용하기 위한 프로그램과 그와 관련된 기술을 통틀어 이르는 말이에요. 형체를 갖고 있는 하드웨어를 제외한 보이지 않는 부분을 뜻하지요. 기능에 따라 운영체제나 윈도우같이 컴퓨터를 동작시키는 시스템 소프트웨어와 사용자가 원하는 작업을 할 수 있게 만들어진 응용 소프트웨어로 나뉘어요.

에니악

1946년 미군 탄도연구소의 요청으로 미국 펜실베이니아 대학의 존 모클리와 프레스퍼 에커트가 만든 전자식 자동계산기예요. 무게가 30t에 길이 25m, 높이 2.5m, 폭 1m 크기였고, 거기에 들어가는 진공관 수만 1만 8,800개나 되었어요. 게다가 10진수로 입력된 숫자를 일일이 2진수로 바꾸어 입력해야 했기 때문에 지금의 컴퓨터와는 비교할 수 없을 정도로 불편했지요.

이진법

0, 1 두 개의 숫자를 사용하여 수를 나타내는 방법이에요. 십진법은 한 자리씩 올라갈 때마다 자릿값이 10배씩 커지지만 이진법은 한 자리씩 올라갈 때마다 자릿값이 2배씩 커져요. 십진법과 구별하기 위해 수 옆에 (2)를 덧붙이지요. 자릿수가 0과 1 두 가지뿐이라, 켜짐과 꺼짐 두 가지 상태로 전환이 가능해 전기·전자 회로에서 매우 유용하게 쓰여요.

기계어

컴퓨터가 직접 읽을 수 있도록 2진 숫자로 표시된 언어로, 프로그래밍 언어의 기본이에요. 하지만 기계어는 숫자(0, 1)만을 사용하기 때문에 이해하기 어렵고, 컴퓨터 구조에 대해 잘 알지 못하면 프로그램을 만들 수 없어요.

컴파일러

고급 언어로 쓰인 프로그램을 컴퓨터에서 수행하기 위해 컴퓨터가 이해할 수 있는 언어로 바꾸어 주는 프로그램을 말해요.

백업

사용자의 실수나 컴퓨터의 고장, 컴퓨터상의 오류, 바이러스 감염 등의 문제로 원본 파일이 손상되거나 잃어버릴 것을 대비하여 원본 자료를 미리 복사해 두는 과정을 말해요.

알고리즘

어떤 문제를 해결하기 위한 절차나 방법을 말해요. 컴퓨터가 문제를 해결할 수 있게 해 주는, 명확히 정의된 명령어들의 순서지요.

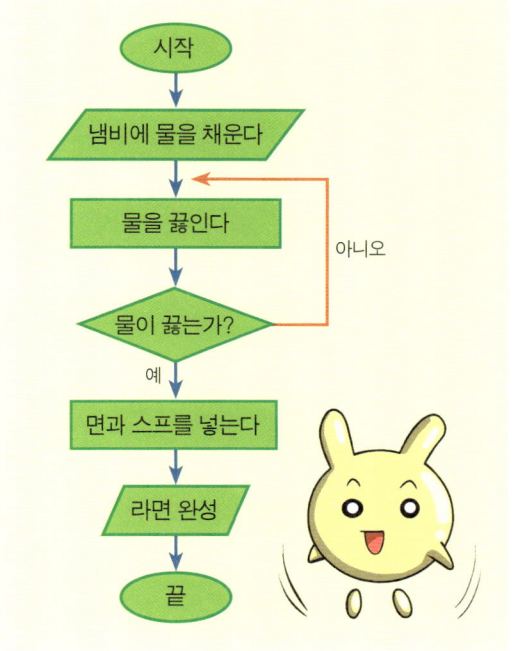

스크래치

블록을 끌어당겨 탑을 쌓는 것처럼 프로그래밍을 하기 때문에 처음 접해 보는 사람들도 손쉽게 다룰 수 있는 프로그래밍 언어예요.

이스터에그

프로그램 개발자가 프로그램 속에 재미로 몰래 숨겨 놓은 메시지나 기능을 말해요. 프로그램 이용에 전혀 영향을 미치지 않는 깜짝 요소들이 대부분이에요.

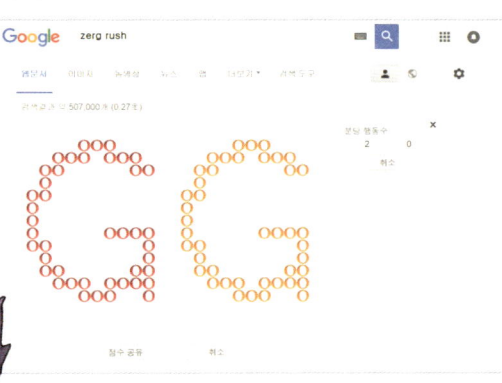

순차 구조

항목 또는 데이터 간의 관계가 단순하게 일차적으로 연결된 구조예요. 연결된 방향에 따라 정방향, 역방향 또는 양방향이 있으며, 끝난 곳에서 다시 처음으로 연결되는 고리 구조도 있어요.

아스키코드

1967년에 정해진 미국 문자 표준 코드 체계예요. 컴퓨터에서 영문자, 숫자, 그 외 기호를 표현하기 위한 표준 코드로 총 128개의 부호를 표현해요. 아스키코드의 처음 32개(0~31)는 프린터나 전송 제어용으로 사용되고, 나머지는 숫자와 로마자 및 도량형 기호와 문장 기호를 나타내요.

스크립트

일반적으로 간단한 프로그래밍을 위해 프로그램 언어 외의 간단한 언어로 작성한 명령어를 말해요. 그러나 이 책에서는 스크래치 프로그램에서 블록 형태의 명령어를 실행 가능하게 조합해 놓은 것을 가리키는 말로 쓰였어요.

데이터

넓은 의미에서 데이터는 사실, 개념, 명령들을 컴퓨터가 해석하고 처리할 수 있도록 정해진 형태로 표시한 것을 말해요. 그러나 이 책에서는 스크래치 프로그램에서 변수와 리스트를 만들고 관리하는 블록 모음을 가리키는 말로 쓰였어요.

난수

특정한 배열이나 순서, 규칙을 갖지 않는 수의 배열을 말해요. 난수는 예측이 불가능한 수로, 대개의 경우 0에서 9까지의 숫자가 나올 확률은 모두 같지요.

가상 현실

사이버 공간에서 체험하는 현실을 말해요. 어떤 특정한 환경이나 상황을 컴퓨터로 만들어서, 사용하는 사람이 그것을 실제처럼 경험하게 해 주는 인간-컴퓨터 사이의 인터페이스이지요.

캐릭터

게임이나 만화에 등장하는 인물로, 내용에 따라 개성과 이미지가 부여된 존재예요. 특정 인물을 상징하거나, 동물이나 식물 등을 의인화하고, 존재하는 사물을 보다 친근한 요소로 만들기도 해요.

드론

사람이 타지 않고 무선 전파에 의해 자유자재로 날아다니는 무인 이동체인 드론은 군사적 목적으로 처음 개발되었어요. 이후 2013년에 상업적 가능성을 인정받으며, 기업과 미디어, 개인을 위한 용도로도 많이 활용되고 있지요. 지금은 일반적으로 무인 항공기를 가리키는 말로 쓰여요.

윈도우즈

마이크로소프트사가 개발한 컴퓨터 운영 체제로, 현재 전 세계 개인용 컴퓨터의 90% 이상에서 사용하고 있으며, 서버용 운영 체제로도 점차 영역을 확대하고 있어요. 일반 사용자들에게 매우 익숙하다는 점과 호환되는 유명 응용 프로그램이 많다는 장점을 갖고 있지만, 보안 문제에서는 취약한 부분이 많아요.

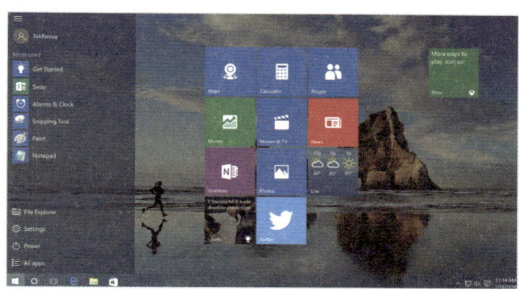

사물 인터넷

줄여서 IOT; Internet of Things라고도 해요. 사물에 센서를 부착해서 사람과 사물 또는 사물과 사물이 인터넷을 통해 실시간으로 정보를 주고받는 기술이에요.

인공 지능

컴퓨터가 외부의 환경에서 주어진 상황에 대해 인간처럼 지각하고, 생각하고, 학습하고, 논리적으로 판단할 수 있도록 컴퓨터 프로그램으로 구현하는 기술을 말해요.

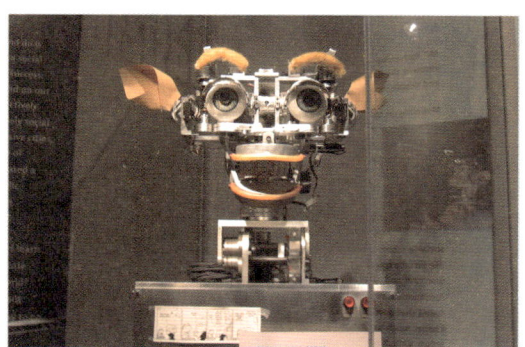

인터넷

전 세계의 컴퓨터가 서로 연결돼 정보를 교환할 수 있는 하나의 거대한 컴퓨터 통신망이에요. 처음에는 랜 등 소규모 통신망을 이용해 군사용이나 연구용으로 사용하던 인터넷이 점차 발전하여 현재는 전 세계를 망라하는 거대한 통신망의 집합체로 일반인의 필수품이 되었어요.

PHOTO CREDIT

12p 윈도우(Windows 10) 화면 ⓒMicrosoft / **15p** 에니악 ⓒU.S. Army, 에드삭 ⓒCambridge University / **21p** 데니스 리치 ⓒRicardoborges / **22p** 구글 번역 화면 ⓒGoogle / **42p** 스크래치 프로그램 화면 ⓒLifelong Kindergarten Group / **49p** 이스터 에그 ⓒGoogle / **52p** 게임 〈스타크래프트〉의 맵 에디터 화면 ⓒStormcoast Fortress / **53p** 스크립트 화면 ⓒLifelong Kindergarten Group / **100p** 게임 〈Next Car Game 3〉의 장면 ⓒBugbear Entertainment / **151p** 빌 게이츠 ⓒMasaru Kamikura / **154p** 유진 구스트만 화면 ⓒVladimir Veselov, Eugene Demczenko

그 외 123RF, 예림당

Copyrightⓒ2019 YEARIMDANG PUBLISHING CO.,LTD. All right reserved.